すこやかに
ていねいに
きりり、と
暮らす

『老いをきりりと、生きる』

ごあいさつ

私は、昭和三（一九二八）年生まれで、今年九十歳になります。昭和と平成を歩んで参りました。その平成の時代も、今上天皇の生前退位で去ろうとしています。

同級生はもはやほとんどいなくなりました。まわりを見渡せば、年齢を重ねますと、認知症になる人もあり、杖を手放せなくなる方もおられます。気持ちのうえでは、愚痴の多くなった友人がおります。どんなことにも文句を言いたくなって、我慢できない方をよくお見かけいたします。

気に染まないことが多くなる一方で、どこかを患っていたりして健康な方は少なく、また、若い方相手に限らず、同じ年頃同士の会話も成立しにくくなっています。私のなかには、毎日をほんの少しの気の持ち様で、明るく楽しく生きられるのにという、歯がゆい想いが募りました。これまで伊達《だて》に長生きしたわけではないのに。きりりとしゃっきりされている方もいらっしゃるのに。どこが違うのだろう？

この本は、そんな気持ちで過ごしているうちに、見たり聞いたりしたことについて、思ったり考えたりしたことを記した、楽しく生きたい私の、雑記帳のようなものです。

『九十歳。何がめでたい』という本があるそうです。私には、めでたいと言い切ることもめでたくないと言うこともできませんが、じきに九十歳を生きる毎日は、ただ新しい日々の訪れと過ぎ去るときどきに、目に映る事柄や近しい人々とのたわいもないやりとりをただ楽しみに、明るくていねいに、毎日を暮らすことこそが私の人世だと思って過ごしております。

お手の触れたページをめくり、気にかかる言葉があれば、その周辺をさらりと読み流していただけたら幸いです。

「老いをきりりと、生きる」　目次

ごあいさつ

1章 すこやかに

朝のコーヒー、指先のおしゃれ　9

コーヒーがおいしい朝　朝食の気合い
おろそかにしないこと　たまねぎの炒めもの
磨かれた心地よさ　三オクターブ？　鼻歌
楽しければ　「年だから」の色
指先のおしゃれ　お医者さまには少々
入浴　下着

2章 ていねいに

エアカーテンを一枚　35

としのわりには　エアカーテン

ナンパされて　傷つきたくない人
ひとり暮らし　背筋をみて
ことほぐ　茶杓

3章 きりり、と
自然な覚悟で　57

毎日の教科書　ら抜き言葉　親の鏡
仕来り　礼儀　言霊　存在意義
自然な覚悟　へりくだらない　えにし
自慢は我慢

4章 暮らす
なぜ年を数えなくちゃいけないの？　83

しっかり老人　杖は欲しくない　古い女
遠慮と妥協　ジェネレーション　祈り
見えない薬　空襲　「た」のつく字
きた道いる道

1章 すこやかに

朝のコーヒー、指先のおしゃれ

コーヒーがおいしい朝

元気でいなければ。

日常生活はもちろんのこと、旅行も趣味のお稽古事も、何もできません。結局、自分のケアは自分がすることで、ほかの誰もできないことです。自分で心や身体について気をつけなければなりません。

自己流の健康法ですが、朝、神棚と夫が眠る仏壇に挨拶をしたら、運動を始めます。深呼吸をして軽くストレッチをいたします。ＮＨＫラジオ体操のあちこちを省いた上半身の運動とスクワットを十回、そして足踏みを百回おこないます。

とくに、太ももの筋肉を鍛えると膝関節の痛みが起こりにくいので、数が多いほど良いようです。血流を良くするために意識しておこないます。

少し汗ばむぐらいになり、朝のコーヒーがおいしいです。

朝食の気合い

朝はバタバタ忙しいのが常で、ゆっくり朝食を調える時間はありません。

たかがトーストにスクランブルエッグ、コーヒーなのですから、朝食ぐらいさっさとつくりたいものだと思いますが、気ぜわしく出かける準備に忙しい若い人たちが行くまで、落ちつかない毎日です。

老いた人たちとの会話では、食卓を整えるのも煩わしいというひとり暮らしの方の意見も多く、私はそれを聞くたびに清潔なテーブルでさっといただく気合いの入った朝食を食べた方が良いよと申します。

「気合いってなーに？」と問い返されたら、

「このご飯、骨になれ！　血になれ！　悪玉を追い払え！」

って気合いをかけるのよ、と申しますと、たいていは笑ったり呆れ顔をなさいます。

しかし、ご老体には
「大切な食事、面倒などといっていたら身体が泣くよ」

と重ねて申します。

私自身朝食に食欲がわかないことも多いのですが、そんな日には難しいことはさておいて、胃が空っぽになっていると胃酸で痛んだりすることを知っていますから、自分で用心をします。チーズをかじったり牛乳を飲んだりして、身体がその日に馴染むのを待ちます。

おろそかにしないこと

いまや、糖質とか脂質とかの論理を超越し、死ぬときは死ぬという人世を送っております。好きな物、新鮮な物を少々勝手にいただきます。

とくに嫌いな食材はなくても、全体に老化している内臓はやはりいたわらざるをえません。腹痛を起こして周囲に心配をかけたりしない程度の気配りはしているつもりです。人に気遣われるのが一番嫌ですから、常に大丈夫のような顔をしているのが習い性になっています。無理をしないのが、いつもの姿勢です。

親しい友人は、ご主人を見送ってから十年、ひとり暮らしの達人だと私は思っております。

毎日ランチョンマットもお茶碗もお皿も変えて、食器のかたちや色合いまで、その日の料理に合わせて食事を楽しむと申しております。

「ひとり暮らしは、節度やしきりをおろそかにすると、とめどなくだらしなくなるから」

その言葉に、またまたその人を好きになりました。いっしょにオペラのアリアを唄いながら、長生きも悪くないと顔を見合わせるのです。

健康の基《もとい》、楽しく食べたいと思います。

たまねぎの炒めもの

七十を過ぎたころから、ステーキや海老フライに目覚めてしまいました。幼いころから牛肉や魚が苦手だった私なのに。

動物性たんぱく質やいろいろな栄養をとる必要性は知っていました

が、突然のようにビーフカレーやタンシチューが好物になりました。百グラムほどのヒレステーキのおいしさに機嫌がよくなり、そのことにまわりが驚いております。

それに、牛肉をいただいた翌日は本当に疲れないのです。体が要求している物に食の好みが自然に移行したものと思います。昔からまんべんなく栄養をバランスよくとっていれば、抵抗力も免疫力も強くなって、戦後流行した結核にも冒されなかったのかもしれません。

当時の私は、嫌いな物は嫌いというわがまま娘でしたし、それに現代のように病理や薬理、健康法など一般の知識がありませんでした……。いまは明るく元気で、ご先祖様か神様が私にいろいろな食事を与えてくださっています。

でも私の一番好きな食べ物は、たまねぎの炒めものです。昭和シングル生まれの戦中派ですから、いまも質素です。

たまねぎの炒めものは、父が好きだったお酒のおつまみ。おいしいです。私のこころには、ちいさなぜいたく。

磨かれた心地よさ

貧乏医師の未亡人。年金もなし、職もなし。

さいわい生活には困っていませんが、お金とは縁がありません。ぜいたくも望みませんし、物欲もありません。

五十年前の洋服をいまも着ておりますし、バッグを一つ求めたら死ぬまで使いたいと思っています。

ただ、洋服もバッグ類もたまの外食にも、安いお金は遣わないことにしています。家で使う食器も、しっかりしたものを何十年も使っております。

外食をするときは、一流レストランや料亭、ホテルなどに参るようにしています。そういうお店は、細かいところまで行き届いています。従業員が客の前を横切ったりしません。言葉遣いも、客に失礼な言葉などけっして使いません。ナイフやフォーク、お箸にも本物を感じますし、シェフや板前のプライドがこだわりを見せてくれます。

私自身も、マナーにくわしいウェイターたちの前で恥ずかしい振る舞いをせぬよう、ある程度の緊張感を感じて、心地良く安心して食事ができます。

そのような場では日常の生活が表面に出ますので、毎日の習慣が大切だと思うこともあります。

向こうが見えるほど磨かれた透明なグラスは美しいものです。

滑らかな人の動きは空気のようで良いものです。

でも、そのような店は値段もお安くありませんから、しじゅうは参れません。半年に一回、一年に一回ぐらいでも行けたら幸いです。もちろんふだんは質素にもったいないと生活しておりますが、安っぽいもの、品に欠けることは嫌いです。

三オクターブ？

十年ほど前から月二回カルチャーセンターに行き、クラシックのソプラノ歌手に世界中の歌を教わっています。

先生が、

「三オクターブの声が出るように教えます」

とおっしゃるだけあって、深呼吸はもちろんのこと、背筋、腹筋、

体のあらゆる場所を使う発声を教わっています。

喉だけでは大きな声や高い声は出ないと知りました。舌を噛むような外国の原語の歌詞のときは、ひら仮名付きの親切な楽譜を先生からいただき、シューベルトでもチャイコフスキーでも歌えるようになりました。それもあって、大声で歌う約二時間のレッスンに感嘆しながら通っております。

音大出身の留学までされた先生にはまことにお気の毒ながら、生徒のほとんどは五十歳以上で、老化防止やボケ防止に一役買っていただいているようなものですが、豊かなひとときを与えてくださることに感謝をしております。

日常的に無自覚にたまっているストレスも発散し、頭が冴えてくるのを実感いたします。

先生も私たちも、お互い人世の修行みたいな勉強です。とても楽しくて、意味もわからず歌うカンツォーネも一曲仕上がると、賢くなったようで良い気持ちです。第一、呼吸がとても楽になります。

鼻歌

私は、片づけでも何でも、他人がかかわってくるのを避ける癖があります。そういうときは、ひとりで鼻歌を歌いながら仕事をいたします。

音楽が好きということだけではなく、その世界にひとりでいる空気が安心なのです。気持ちが暗くなるといけないので、演歌からポップス、クラシックからオペラまで、耳で聞いて覚えたメロディを口ずさんでいます。

歌詞はだいたい覚えていませんからごちゃまぜに「ル・ルーフンフン」と唄いながら洗い物をしたり大根を切ったりしていますと、なんとなく楽しくなってあちこち綺麗にしたくなったり、人に優しい気持ちになるのです。

丁寧な仕事を楽しくやるためには、大変良いと思います。リズムやメロディは文句なく体に良いと思います。

楽しければ

「この年になって」とか、「今更」なんて不要だと思っています。新しいことに飛びついたり、大声で喚くだけの若者のロックやダンスにはついていけないにしても、楽しければリズムをとっても足を鳴らしても構わない。誰かが笑って見ていても迷惑を掛けるわけじゃないし自分が解放できたら少しも構わないと思っています。たしかに、自分でいらつくほど手も足も口も鈍いけれど、楽しいことは遠慮なく楽しめば良いと想います。

でも下品な言動や不作法は駄目です。老人のプライドは高級品です。

「年だから」の色

カンツォーネが響くクラスでも、色は北国の冬です。

ほかの機会でも、ほぼ五十歳以上の集まりに行きますと、冬の景色に出会ったような静かな灰色の風景を見ることができます。皆、申し合わせたように薄いグレーのセーターか黒のカーディガン。おしゃれな方で暗紫色のお召物。

昔一度だけ真冬の青森に行きました。シーンとした灰色の空と海、頬を刺す冷たい風が痛く、もう早く帰って元気の出る食事をしたいと思ったものでした。北の国にお住まいの方々の辛抱強さに驚き、また「例年の風景です」とのさり気ない言葉に申しわけなく思いました。青森の方は、強いですね。でもあのときの色が、現在の教室の色なのです。

恥ずかしいとも思わず、真っ赤なセーターを着た私は、若いころ夫にいわれた
「君は原色が似合うから」

の一言をいまだに覚えているのです。

自分のなかでは何の抵抗もなくて、ひとさまがどうご覧になっているかも関心ありません。ただ、教室のなかで一か所、点のような赤は

いささか目立つかもしれませんが。どうして綺麗な色を身につけないのかしらと問うと、親しい友人が
「年だからよ」

と一言申しました。

この言葉をよく耳にしますが、還暦のあたりから日本の女性は、「品の悪い色は着ない」と宣言なさるように、地味一筋になります。明るい色は品が悪く、年齢を重ねた者が、着てはいけないのでしょうか。老人は表に出てはいけないといわれているのと同じだなと思います。

世間が気になるのかしら。

私もわざわざ赤や派手に見える物を探して買っているわけではありません。四十年から五十年前に気に入って買った洋服が少しも痛んでいないから、そのまま着用しているだけなのです。

友人がある日、白いブラウスにピンクのカーディガンを着てきました。

「うわっ　綺麗！」

「美しい」

と周囲が驚きを連発しました。

どこのおうちでもいろいろな考え方があり、しきたりがあり、伝えられていることがあると思いますが、高齢者が美しくいることに反発する人はいないと思います。暗い顔をして灰色の風景に収まるよりも、せっかく生きているこの時代に、せめて生き生きした想いをもちたいものと最近とみに思います。心が解放されますよ。ちなみにその友人は八十五歳です。

黒はおしゃれな目立つ色、着こなせればこんな美しい色はないのですけれど、それには体型の問題が出て参りますから、いささかバランスを失った姿勢には難しいかもしれません。ならば濃淡を問わずに良い美しい色を身にまとって、体型も皺もカバーしたほうが賢明なように思います。

指先のおしゃれ

私は八十九のいまでも爪に真紅のマニキュアをしています。結婚当初に、夫がすすめてくれたからです。

二十三歳で嫁いだ世間知らずの私は、チェーホフの『可愛い女』ではありませんが、何でも「ハイハイ」と夫の言うことをきいてきました。以来六十年以上、葬儀や法事のときなど以外は赤い爪を保っています。

目の錯覚かもしれませんが、マニキュアには、手のいささかのしわも見えなくするような効用があって、ひとさまがどう思おうともう気にすることもありません。

でも必ず三日ぐらいで爪先が剥げてきますから、綺麗に落として爪を調えます。

人間の爪は毎日伸びますし、死しても髪や爪は何日か伸びるといわれます。かたちの悪い爪にマニキュアをしても美しくありませんから、まず爪のかたちを楕円形に調え、それから指先をよく揉むといいでしょう。

マニキュアで爪が窒息しているかもしれないので休ませるためと、指先は怪我をしても一番痛い神経が集まっている場所なので、血流を良くするつもりでほぐすのです。

右利きは左の爪を美しく調えられますが、右爪を切るのに左手が思うように動いてくれません。たまたま新聞の広告に出ていた刀鍛冶が作ったような爪切りを求めてみたところ、まことに良い切れ味で、それ以来、あまり爪切りが苦にならなくなりました。

手の爪もさることながら足の爪が十本、きれいにそろえてあって、サンダルの前方から覗くペディキュアをした爪はとても魅力があり、その人の佇まいが見える想いがいたします。

ついでに踵がいつもすべすべしていることは、自分の心がけですね。手も足も身体以上に想いを伝えるもの、幾つになっても手や足の手入れが行き届いていると、自分でほれぼれするし、良い気分にもなります。

自分の爪で楽しめるなんて、安上がりで美しく見えて良いものです。

お医者さまには少々

私は、元来頑健とは言い難いものの、大病は余りいたしておりませんが、予防のためにホームドクターを定めてお世話になっております。自分の身体状況を知っていてくださる医師がひとりおられると、何かのおりには適切な処置をしてくださると思いますので、月一回ぐらい近くのクリニックに散歩がてらのように伺います。

亡夫が内科医でいろいろな患者さんを見ていたので、患者の心得はだいたい知っているつもり。ここまでは知っていていただきたいというところを医師に話しております。病歴だけではなく、家族のこと少々、自分のライフスタイルを少々、すべて少々です。守秘義務のある医師でも他人ですし、同じ人間ですからわきまえて少々だけです。

ある程度現在の体調や思考を知っていただいていれば安心しておら

れるかもしれないと思い、受診のたびに約一分だけお話をいたします。
頭が良い方ですから、それで充分と思っています。

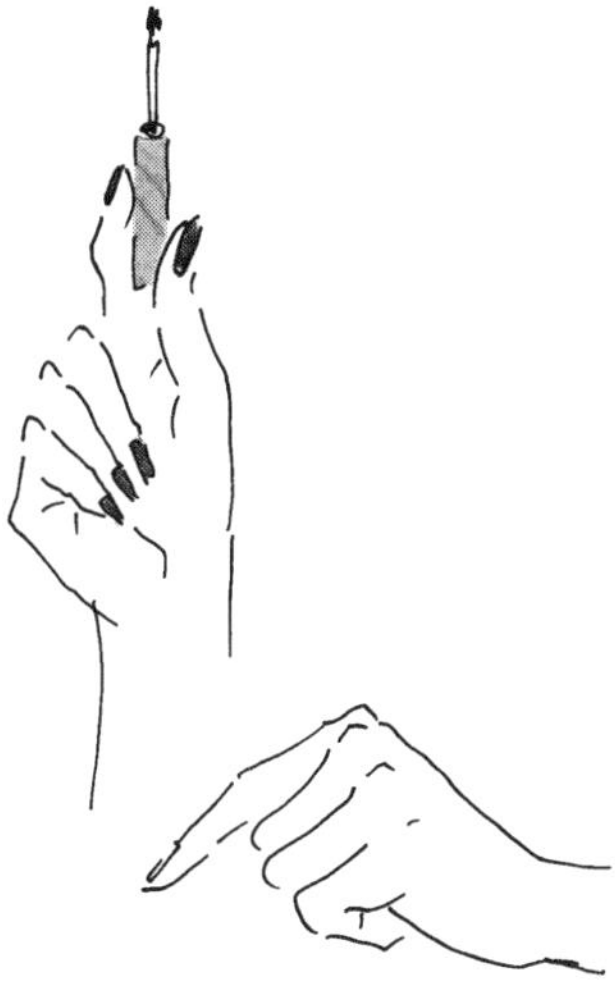

入浴

入浴は大変気持ちが良く、リラックスもいたします。

しかし、毎日石鹸で洗うと体の脂分がなくなり抵抗力を落とすこともあります。また肌がカサカサしてきますので、入浴は二日に一回にしています。

浴槽内で足指と手指を一本ずつ、足首からふくらはぎもよく揉みます。足を揉みほぐすと体全体に影響がありますから、必ずおこないます。

ただし長湯は無用。入って洗って揉んで二十を数えて出て、二十分ほどです。日本人はこの入浴の習慣があって本当に恵まれていると思います。シャワーでは刺激と洗浄だけでゆったりした心地良さは味わえません。浴槽の中でのマッサージは効果大です。

ただし溺れないように気をつけましょう。

下着

毎日就寝前に必ず、下着を取り換えます。使用した物は洗濯をして干しておきます。

もし夜中に病が発生したり、自分だけではどうしようもない状態に陥ったりして他の人の手を煩わせざるをえなくなった時、見苦しくないように。いつどこでどうなるか高齢者の身はわかりませんから。

覚悟を常にもって神経を使い、身綺麗にしていたいと思っています。恥は後々まで、自分だけではなく周りの人にまで悔いを残します。

パジャマは絹で軽く明るい色です。

2章

ていねいに

エアカーテンを一枚

としのわりには

「お若いですね、お元気ですね」

とお声をかけていただくのは、面《おも》はゆくも嬉しいものです。

ただし、言葉のなかには当然のことながら、年齢のわりにという意味もあります。

「ありがとう」

と素直にお礼を申しますが、言葉の優しさにほだされて「でも膝が痛くて」とか「物忘れがひどいのよ」などと自分を語るのをやめましょう。

ひとさまに自分の健康状態を話して、ひとさまには楽しいのでしょうか。ひょっとしたら迷惑な話かもしれませんね。

病気や投薬の種類など延々と話したがる方が多く、少しも楽しくありません。年を重ねるほど、相手に気遣うこと、それは自分のプライドを保つことでもあります。

「負」の言葉は、禁句のひとつにしております。

エアカーテン

親切で優しいとか笑顔が良いとかいって他人を信用すると、後悔する場合もたまにあります。

時には自分すら信じられなくなったりするときもありますのに、他人の心のなかや動きを全部見透せるはずもありません。親しい仲にも距離を置いて付き合うほうが良いと思います。

大切なのは楽しい交際をすることです。愚痴や他人の批判は駄目です。自分の家庭内の話題でも、嫁の愚痴、家庭環境の愚痴は避けることです。

「人の口に戸は立てられない」の諺通り、自分の意としないトラブルになってしまうこともあるかもしれません。

生きているということのたいへんさは、人との交際が一番かもしれません。それは、家人との距離感も含めて、人世の修行かもしれませんね。

エアカーテンを一枚張って付き合うのが無難ですし、楽かと思います。

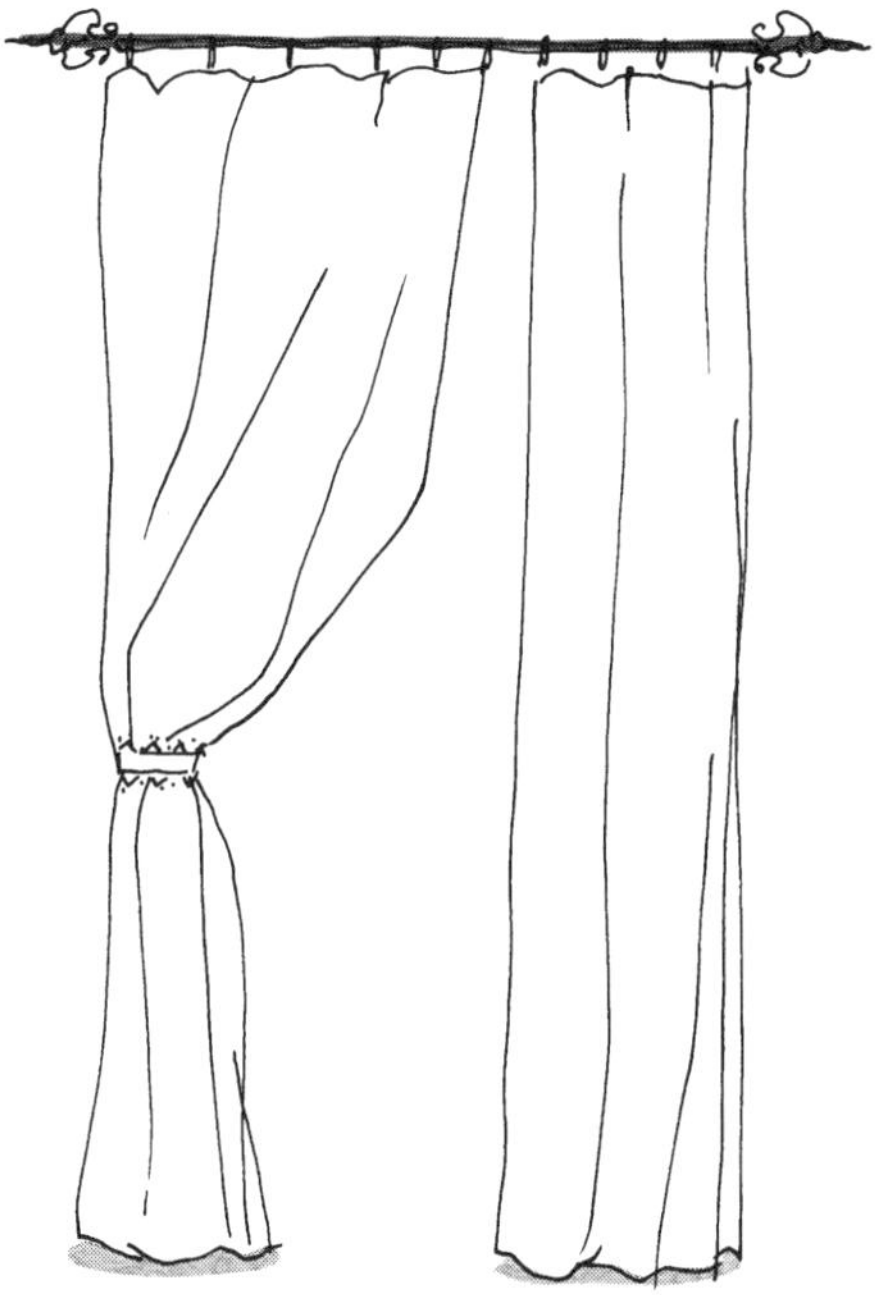

ナンパされて

よく笑いよく話す人は、年齢より十歳は若く見えるように思います。顔の筋肉が柔らかいのでしょうか。

私は、外出したときにどういうわけか高齢の女性によく話しかけられます。身内の者はそんな私を「おばあさんにナンパされるおばあさま」と申します。よくあることなので、自分に隙があるのかと思ったり警戒したりしたものですが、高齢の方で一日に一言も話さないといわれる淋しい方が多いと聞きますから、人恋しく、一応悪人には見えないような私に何か話しかけたくなられるのかなと思っています。

話しかけてこられる方は、みんなお喋りです。

最初は

「疲れますね」

「暑いですね」

あたりから話が入りますが、五分も話をしていますと、その方の家族構成から食物の好き嫌いまでわかってしまうほどお話をされます。

でもたいていは、じきに私の方が年上だとわかりますから、最近では年齢を聞いて驚かれるお顔を見るのが楽しくなったりして、お声をかけられるたびに「この方はお幾つかしら」などと頭をよぎります。

いささか若く見えたり頼れそうに見えるぐらいなら悪くはありませんが、適当に時間は切り上げないといけません。高齢者の話はだらだらと続きがちで、必ず人への不満話になること必至ですから。さり気なく
「じゃ、また」

とお別れしますが、いまの社会では、話をしたくても相手がいない方がたくさんおいでになるようで、見ず知らずの私にまで声をおかけ

になることに驚きます。家人はもう馴れて「またナンパされたの？」と笑います。

核家族化によって高齢者のみの世帯や高齢者のひとり暮らしが増えているからでしょうか。それとも個人主義のライフスタイルが全国的に普通になってきて、やむをえないときだけの付き合いが多くなってきたためでしょうか。

明るい笑いのあるおしゃべりなら、私もいくらでもお話ししますけれど、やはり年を重ねた者は過去といまとを比べて話をしたがりますから、聞いてくれる人はだんだん少なくなります。といって、老いることは衰えるに等しく、よほど自覚をして自分を保っていきませんとね。

そして、顔の筋肉を動かし、おしゃべりをして笑うと元気になります。なので、話の中味を考えて楽しく話すことはおすすめします。

傷つきたくない人

ご自分で「私はプライドが高い」という方がいらっしゃいますが、私はその中味を知りたいと思います。

目に見えない「プライド」という言葉を振りかざし、他の意見にはかかわらないと、自分を主張する方がたくさんおります。若い人のみならず高齢者がそう言い出すと、頑固そのものになります。

私の経験から思うに、その方はプライドが高いのではなく防御本能が強く、自分が傷つくのをもっとも恐れているのだと見ております。

たぶんこれまでの人世で、ひとさまから良いことをいわれたいと思い続けたり、あるいは強い目上の意思に締めつけられ、毎日毎日を命のように自分自身を守ってこられたのでしょう。そうしてでき上がったプライドは、硬い殻にまもられているのです。その殻にしがみつかないと、自分自身を失ってしまうような気持ちになっておられるのではないでしょうか。

その人の気持ちを批判したり否定するのは簡単ですが、その人だってそうしたくて言い募ったり、不機嫌になったりしているわけではないのです。

容量の小さい難しい人には、なるべく近寄らないことしかないかもしれないと思っています。

ひとり暮らし

平均寿命は女性の方が長いそうですから、当然のことながら男性のほうが先に逝き、未亡人のひとり暮らしがとても多いと聞きます。家も狭く核家族も多く、たとえ孝行息子が同居しようとしてもなかなか事情が許さないということでしょうか。

十人の知り合いの未亡人のなかでひとり暮らしは六人もいて、お互いに

「やっぱり女性の方がしぶといのよね」

などと言い合っておられます。

親子同居の私は珍しい存在だそうです。

「よくいっしょに暮せるわね」

と声をかける人もいて、おかしいとは思いますが、それだけひとり暮らしが多いという現状なのでしょう。

勝手に想像するのですが、ひとり暮らしでは会話の相手もなく、朝から夜までひとりで静かな雰囲気はありましょうが、煩わしいことがなくて良いといわれたり好きな物をつくって食べるといわれたり、誰

にも邪魔をされないと申されますけれど、その言葉を自分に納得させる理屈になさっているのではと思いたくなります。音はテレビから流れる音声、時計の時報の音という静けさは耐えられないかもしれないけれど、選択できない事情であればその状態での生甲斐を探さないと辛いですね。

若い夫婦といっしょに暮している私を案じてくれる人たちがおります。気を遣うだろうとか、大変だろうと気遣ってくれるのでしょうが、案外ひとり暮らしもできない根性なしと思われているのかもしれません。

たしかに世のなかには嫁姑の問題もあってなかなか難しいと思われがちですが、私の場合は親子とも仕事をしていて性格も皆クールだから収まっているのかもしれず、少しは他人のジェラシーもあるのかなと意地悪く考えたりもいたします。

日常生活に気を遣わないわけでもなく、時にはひとり落ち込むこともありますが、それはおおよそ時代の教育のズレを感じたとき、致し方のない現象を見たときですから、家を出てひとりで暮そうとまでは思いません。

自分の想いが他人を傷つけている場合もあると思います。しかし、いろいろ工夫をして楽しく生きている人は、文句なく偉いなと思います。身綺麗に明るく暮している友人が輝いて見えます。

背筋をみて

三十年来の知人は書家として名を成しておられます。私がその人の書を好きなのは、少しの妥協もない「文字」というものをつき詰めたような感じがするからです。

ピューリタン（清教徒）のような厳格で整った面差しから、性格もそんな人だと思っていましたが、あにはからんや、つき合ってみれば大変女性の優しさをもち、心配りの密な方でした。

どうしてあんな研ぎすましたような李白や杜甫の書が表わせるのだろうと長い時間疑問でしたが、一通の書簡をいただいてなんとなくその雲が晴れました。いつものような「書道展」に出される作品とは全然異なり、行書でひら仮名を交えて書かれたその手紙は、内容も伸びやかで翔んでいて、一瞬私に震えるような感動を与えてくれました。

彼女は自分に課した自分の哲学のなかで自由に生きているのだと、はっきりわかりました。

頑迷でもなく高ぶったところもなく。突然二十数回訪ねたという中国の想い出話を身ぶり手ぶりで話をし出して大声で笑い、ハッと口を押さえる、とても変化がおもしろくて、一筋に書に生き八十四歳の今日まで元気な彼女がとても素敵です。

私は老いてますます盛んなどというありふれた表現が嫌いです。一年ずつ肉体は衰えていくのは、当たり前のことです。でも、自分次第で感性や知性は磨かれていきますよ。自分を保ち、貫いてゆく人生こそ私が好きな生き方です。

ピンと伸びた背筋は誇り高い高齢者の証です。

ことほぐ

家族が親しくお付き合いさせていただいている空手の師範がおられます。

長い間所属していた道場から独立をしてご自分の道場をもたれるということで、四十九年間空手をやってきた私の息子にご相談がありました。

独立をして道場を構えるというのは師匠への仁義もあり、なかなか難しいものですが、人徳でしょう。なんとか夢が叶い、新道場が開設されて十年になります。

私も何かお祝いをしたいと考えておりましたが、なかなか思いつかず考えあぐねておりました。金銭を包むのが一番簡単でお役に立てればと思いますが、その師範の性格では絶対に金銭は受けとらない方とわかっていましたから本当に「祝《ことほぎ》」の気持ちを表わす方法に困っておりましたとき、ふと道場内に流派の看板がないことに気づいたのです。たいした書も書けない私ですが、それを贈ることに決めました。

書の友に「どうかしら?」と申しましたら、「それ最高!」と賛成をしてくれて、その翌日に宅急便が届いたのです。大きな文字を書くための大筆をはじめとして中国紙を含めた三種の用紙、香り高い墨から下敷きの果てまで、彼女が調えて送ってくれたのです。

逆の立場なら私も同じことをしていたかもしれませんが、間髪を容れずの行動は本当に適切で、彼女の尊敬に値する好きなところです。

十周年祝賀会場に、壁にかけられた「正伝流」と書いた額は、自分で書いた書とはとうてい思えないほど立派!　このために彫った落款印も朱色に映えて、今後生きて何回使う機会があるか定かではないけれど、嬉しさのようなものが胸に湧いてきました。

こんなワクワクするような出来事がたまにあれば、体の細胞も勢いづくかもしれません。

ふと思いつきました。毎日何かをする、呆けないための一つの方法ですが、年を重ねるごとに億劫になるものです。それなら若いころにやったことを思い出してふたたびやってみる方が高齢者としては自然に動き出せるかもしれません。呆けて邪魔な存在になるよりは楽しみもともなう生き方は、凄く前向きで良いかも。

私も今回何か気持ちが動いて、短冊をとり出し、歌人だった亡姉の句を細筆で書いてみました。短歌はとてもつくれないけれど、短冊や半紙に書けばなんとなく雅びた想いが湧いてくる。絵が好きだったりしたら、大仰なことを考えないでも画用紙にクレヨンでも色鉛筆でも使って花や庭の写生をするのも楽しいかもしれません。若いころに遊びながらやっていたころの延長なら、肩も凝らずに楽しめるかもしれません。何よりもジーっとして頭も体も動かないのが一番ボケへの早道です。

いうは易くおこなうはなかなか難しいのでしょうが、若返りましょう。

茶杓

私が習った茶人は、若いころから茶道が好きで一筋にその道を極めた男性でした。

しぐさが美しいとか帛紗さばきが美しくあるというほかに、何よりも品がありました。還暦をとっくの昔に越えた老人に近い男性が、自然におこなう作法は漂う空気が異なってさえみえたものです。

その茶人には大切にしていた物が一つあって、それは自分でつくった「茶杓」。褐色の細い一本で、先代家元といっしょに削ってつくったものだそうです。数万円もする帛紗よりも五百万円も支払われたという黒楽の茶碗よりも輪島塗の花生けよりも、その一本の茶杓を大切にする心は、私が教えていただいていた十年間少しも変わらず、茶会の最後に必ずその茶杓で抹茶を掬われるのでした。

一本千円の茶杓でも私たち初心者には扱いが大変で、その何十年も使われている茶杓など手を触れるのも恐れ多いような気がしていましたが、考えてみればたったの一本の竹からその方が渾身でつくった想いが籠った産物なのですよね。それが心の支えになっているのであれば、気持ちもわかりますし、そういう意味なら自分も一つもっているかもしれません。

価値はお金ではなくて、生きてきた証かもしれません。

3章

きりり、と 自然な覚悟で

毎日の教科書

まことに便利な教科書と思って、私は毎日新聞を読んでいます。世界中のニュースや日本の政治や日常生活のすべてを読むことができますし、政治家の個性や評論家の喧しいほどの論説も、毎日変わったメンバーのこれでもかという想いであろう記事がのっています。

芸能記事はあまりにもくだらない書き方なので、週刊誌の宣伝だけを見て、へーとかハ？　とか見ておりますが、常に何百社のマスコミに監視されているスターも大変だろうと思います。なかには追われなくなったら終わりという考え方もあるのでしょうが。

私の父は役人でしたから、朝は、母がいれた熱いお茶をゆっくり飲みながら、新聞三紙に目を通し、迎えの車がくるまでの三十分間を過ごしていたことが、いまでも心に残っています。

行ったことのない世界のさまざまは、新聞によって知らされて楽しいですね。でも各社によって捉え方もそれに対する批評もみな異なりますから、そこは自分で判断が必要だと思います。

思いがけない記事があったり、アドバイスを見つけたりと、私にとって新聞は、愛読書みたいなものです。

ら抜き言葉

意味不明の言葉を聞くことがあります。また長い時代に使われてきて、いまは死語になったような文字もあります。時の流れで致し方ないのかもしれませんが、なかには忘れるには惜しい言葉がたくさんあるように感じています。「見れる」のようなら抜き言葉はどうして？

と思いますし、若者はしょったような言葉で通じるようですが、判断はできてもたいそう違和感を覚えます。といって物忘れ著しい最近では自分も昔から伝えられた日本語を正確に使っているのかといわれたら即答はできませんが。

「全然おいしい」と否定語と肯定の混じった、これを日本語というのかといいたい言葉や、「メッチャ」とかを聞いていますと、造語は味がないなと思います。教育者は何を生徒に教えたのだろうと思いながら、雰囲気を素早く掴みそんな言葉をつくってしまうセンスに驚いたりしますが、その多くは知性とはほど遠いように感じます。でも頭のなかは目まぐるしく動いているのでしょうね。

古いといわれても私は正確な言葉で語りたい、伝えたいと思います。本来日本語は美しい、時代によって形容は変わっても砂に水が沁みるようにデリケートな響きをもっていると思っています。角張ったドイツ語やすべての音を鼻に集中させるようなフランス語、香りを感じさせない中国語などとわざわざ比較するつもりもありませんが、私は世界一美しい言語が日本語だと思っています。

若者のおしゃべりだけではなく、山の手夫人たちのざあます言葉も、本来の日本語とは異なる種類のものと思っていますが、私も正しい日本語を話せるかといわれれば自信はありません。そのあたりは時代によりにけりと笑って誤魔化すしかありませんので情けないことです。

平安時代に詠まれた和歌の軸を見るたびに、その滑らかな文字に加え、深い意味の句に当時が偲ばれます。映画に出てくるような佇まいではない現実の生活や言葉はなかなか物の本には記されておりませんが、優雅な言葉だっただろうと勝手に考えるのも悪くないと思います。

親の鏡

日本語は大変難しく、日常語もさることながら敬語はＴＰＯが大層複雑、そして同じ文字が幾つもの言葉になる日本語は、よほど家庭がしっかりしていないと覚えられないと思います。学校で習う国語はほぼ基本ですものね。

家庭内で正しい言葉づかいが普通な家の子供たちは、教えなくてもそれが普通に身にしみていますから、ひとさまに向かって「うちのお父さん（お母さん）」などと、自分の身内に敬語をつけるような言い方をしません。

このところ、何か大変耳ざわりの悪い言葉が多いのは、そのあたりにもあるかもしれません。馬鹿丁寧な敬語は全然必要ありませんけれど、三十歳を過ぎた青年が、うちのお母さんがと普通にいっているのを見ますと、「この子はまぁ！」と、日本人本来あるべき謙虚さや上下関係のありさまを教えていない親の顔を見たくなります。

わざわざ教え込まなくとも、子は親の生き方を見ています。

仕来り

各地方によっていろいろな習慣があり、根強いしきたりというものがあるように思っています。

県民性、地方性、国民性と各地の特質を聞いてきましたが、日本の場合、千年近く前からつづいた武家社会のころから生まれた風習がずっと貴重品のようにつづいているように思います。主に戦国時代から江戸時代、藩があり藩主が多くの家来を住わせていた城下町がさまざまの風習を生み、土地独自のこだわりや締めつけを残してきたものでありましょう。事象に対する考え方も他国とは異なるこだわりをもって政治がおこなわれたものと思います。藩内しか知らない庶民は伝えられたことを忠実に守るという絶対の価値観をもっていたのだろうと推測いたします。

なかには性格の悪い県？　があるといわれていますが、どなたが言い始めたのか。その土地で辛い想いをした体験者やそれを感じる批判者の言が広がったものかもしれません。個人の性格といわず、その県はというあたり、まさしく国民性というものかもしれません。その土地の出身者でない者にはなかなか馴染めないものがあるかもしれませんが、県によっての違いは、たくさんあります。

関西にいたころ、知人の娘が結婚するにあたり、たくさんのしきたりを見させて戴きました。その準備の大げさなこと、まっさらな桐の箪笥に新しい和服、洋服、化粧品、下着の果てまでぎっしり詰め、知り合いの人に全部披露してから家紋入りの大布を掛けたトラック三台で婚家に運び出すのです。そののち結婚式になるのですが、披露宴もまことに隅から隅まで行き届き、関西の実業家の婚姻というものに驚いた次第、勢い込んで準備をする知人の張り切りようを圧倒される想いで拝見しましたが、初めて根強い地方の行事を見、「手落ちがあると一生笑われるから」という知人の言葉を重く感じました。

少しも疑わず、風習に従い、信じ切っておこなう様子は一種宗教のようにすら感じたものですが、ひととおり仕上げ、幸せそうな人たちを見ていますと何の言葉も必要なく、素直におめでとうの一言を述べたものです。

そんな特殊な場合だけではなく、日常の食生活や考え方の違いは、生まれてからずっと身体に染みているのでしょう。依怙地なほどこだわり、そういう点に関しては退くことを知りません。

昔、役人だった父が、城下町に転勤し少しのあいだ地方にいたことがあります。煙たい存在には違いありませんが、旧藩士たちによそ者の中央からきた人間と扱われ、さまざまな思いをさせられたそうです。外からきた者にとっては想像もつかない考え方があったのでしょう。よくいわれる排他的というのは、藩国を守るという姿勢からきたものかもしれません。

私たちもよそ者の子としてそれなりの扱いを受け、教師までもが加担していたのではないかと思っていたのですが、外から来た者として、内側から発せられる気持ちを受けていたのだろうと、いまでは割り切るようになりました。

礼儀

何かお心づくしのお品をいただいたりしたら必ず筆をとってお礼状を書きます。電話やメールはいたしません。よく拝見し味わって、そのお礼を必ず自分の筆で書きます。最低限の礼儀であろうと思います。

言霊《ことだま》

言葉には魂が宿っているといわれます。まことにその通りだと思います。

よく発言には気をつけているつもりでも、老いは容赦なく理性の働きを阻止し自分でも思いがけない言葉になって私を驚かせます。そんなときは慌てずさっと言い直します。自分の意が伝わらないことのほうが問題ですから。

どういうわけか私の発言は、予測も含めてとくに良くないことが現実になる場合が多いので、充分気遣いが必要だと考えています。言葉は怖い、人を傷つけるのも喜びを与えるのも言葉、それに魂が乗れば影響は限りなく大きく広いですものね。

聖人君子になるのではなく、心遣いということだとも思いますが。

存在意義

子供が成長して家庭をもち、一家言を有するようになりますと、自分の立つ位置も徐々に変わって参ります。

母としての絶対権力は、力を失い、夫がいなければなおさらのこと、存在意義すら視えなくなってきます。寂しさも感じるようになり嵩じるとひがみすら出て参ります。仕方がありません。子の成長を願ってきたのですから、自分が生きていく意味は自分で見つけなければ孤立するだけです。

視点を変えて、自分のいままでとは異なる生き甲斐をみつけなければ！　動くのも良し、踊るのも読書も誰はばかることなくできるときがきたと思うことですね。

友人は少々煩わしいものですから、自分の本当の楽しみを見つけるのも良いと思います。

存在価値は、変わりつつまたできて参ると思います。

自然な覚悟

時おり自分は何のために生まれ、生きているのだろうと考える時があります。生産性のあることはもはや何もできませんし、自分の出番はほとんどないに等しいと感じたときに起きる思考です。

現在の私は、元気で呆けないで明るくいることが自分の役目だと思っておりますが、世の中には、もう何もない、生きているのが辛いなどいわれる方も大勢おいでになります。視野が極端に狭くなるのですね。若い世代が背中をみて人格を培っていけるような高齢者になれば良いと思うのですが。難しいけれど、心がけ一つではないかと思います。

それには頭も身体も健康でなければ何も実りません。条件は、まず身体健康であり情緒安定であり、早く歩けるから元気というものではありません。心と身体と両面のバランスが常に安定していないと元気とはいえないでしょうと思っております。

社会でも家庭でも老人といえども、できることがあります。しゃしゃり出るのではなく、大らかに人間同士の摩擦の中間クッションになったりするのは、年の功です。

また家庭内で現在の主婦が気づかずにいる部分や、食事の下ごしらえの部分でちょっとさり気なく調えておいたりするのもできることに入りましょう。「ありがとう」といわれたくてやるのではなく、年を重ねた者の自然な気遣いができることを楽しんでいることです。

そうした日常的なことだけではなく、心の奥に覚悟をもって家や人の筋を違えぬように、きちんとしたことを子供に伝えるのは一番大切な役目かもしれません。

もちろん、そのうちには家族の芯を支えること、慈愛をもつこと、幅広い思考で物を見極めることが重く存在しています。家が子の世代になれば「動」の役目は必然的になくなりますが、「静」の部分または蔭の部分での役目はかえって重くなると思っています。孫に小遣いをあげることだけが老いた者の仕事ではありません。

役目は男女同じように遺伝子を受け継いだ者に等しくあり、伝えていくのも役目です。

へりくだらない

かたくなな意味ではなく、高齢者が若者の機嫌をとるなど、もってのほかと思っております。

何かの事情があればともかく、普通に生きて経験を重ね賢明に人世を送ってきたのですから、へりくだって若い人に合わせようと顔色を見たりするのはまことに情けなく思います。

たしかに時代の流れが早く、自分の感性が及ばないときがあるにせよ、おおもとの自分という土台は少しも変わりません。同じように、自分は親の世代をはっきり解っていませんし、繰り返しが歴史をつくってゆくのではないでしょうか。若い人から見れば、老いた人は鬱陶しい存在でそれも繰り返しなのですが、あなたたちも同じときがくるのよと達観して、普通に過ごしたらいかがでしょうか。

息子や娘、義理の者たちの言動にいちいち反応するなど、何の意味もありません。愚痴はみっともないだけ。お世話になる分は、いままでお世話をしてきたのですから堂々といたしましょう。いいかげんに生きてきたわけではないのですから。

ただ、老人のプライドは思い込みが混じっていることが多いですから、顧みることは日常的に忘れないことです。

えにし

私は九人兄弟姉妹の七番目。賑やかに育ち、両親も健康で自分のことだけ考えていれば良い日常でした。

その親も兄弟もすでに亡くなり独りぼっちになって思うことは、縁とは何だろうという想いです。

死は空をつくると思っていますが、いままで何人の人を見送ったかなと考えますと、その人たちとの会話など思い出され、問うても答がない、いまを空しく想います。必ず別れはあるのですから悩んだり悲しんだりしても詮無いこと、いずれは自分も旅立ち仏の世界か神の世界に参らせていただきます。

そのとき、人の記憶に私はどう残っているのでしょう。精一杯生きても完璧はありえません。どなたかにわずかでも言葉の恨みを残しているかもしれず、もっと愛情を注ぐべき人もいたかもしれず、自分の知らないところ、わからないところで辛い噂をされるかもしれませんね。

あるいはストレートにものをいう人だったけれど、温かい人だったねといってくれる人がいるかもしれません。それは嬉しいことだと思います。憂き世でさまざまの縁がありながら自分が旅立つとき、誰に向かってさようならというのか、ありがとうというのか、わからないのも「えにし」のおかしなところだと思います。もしかしたら先に逝った夫の名前を呼ぶかもしれませんし、「お母様」と幼い子のように見えない母を呼ぶかもしれません。本当の心の声でしょうか。

長い人世で知り合った人は何百人いるでしょう。細い糸でつながっていた人はもう思い出してもお顔すら出て参りません。

かえって私を苛めた教師の顔が浮かんだりして、情けないことにお世話になったはずの教授のお顔が出てこないことに儚い想いがいたします。人間の記憶は、そのときズキンと胸に刺さることがあったとき忘れられなくなるのかも。一期一会という難しいものでなくても、良いご縁でおつき合いした人たちのことは忘れてはいけないはずです。

老いてから数人の友人ができました。友達なんて必要ないと思っていたのに、超一流の友がこの年でできるなんて人の縁は凄いです。

自慢は我慢

「自慢をしたい」

「賞められたい」

と思うことは、私にもありますよ、それは。

でも、ほかの方々のをうかがって、唖然とすることがあります。自慢をしなくても他人が認めてくれたら良いのですけどね。それによって何かが良い方に変わるのでしょうか。

若いころ、子どもの学校のママ友が三人おりました。

おひとりはある大名家のご分家筋の方。世が世ならお姫さまでしょう。すぐに出てくる言葉が、「お膳もお椀もみな、紋が入れてあるのよ」。何回聞いたことでしょう。

もうひと方は、日本では見かけないほど美しい肌目《きめ》細かく真っ白なお肌で、その類い稀な白さにご主人が惹かれたとうかがいました。でも、会うたびに「お風呂に入って出てきたら夫が、本当に真っ白だなって背中を撫でるのよ」という類いの話が必ず出るのです。

もうおひと方は、日本では誰も知らない人がいないほどの大企業のお嬢様。性格の穏やかな、茶道、華道、書道すべてに堪能な方なのですが、どなたかに紹介するときには必ず「○○という会社のお嬢様」と頭に付けないとご機嫌が斜めになるという方でした。

人それぞれ個性がありますから、口出しはいっさいいたさず「スゴイわね」と笑顔で聞きますが、どうやら私には二つの耳があるらしく、都合良くうかがっています。

でも、行きすぎたプライドは、何の足しになるのでしょうね。

学歴でも同じだと思います。東大を出ても非常識そのもののような人もおりますし、東大卒という名前だけに頼って親も子も大きな顔を

いたす人が多く、私などはつい、

「それがどうしたの？」

と問いかけたくなります。一途に専門を学んだ人は視野が狭くなるのでしょうか。

私も何か自慢をしたいけれど、探せば探すほど、コンプレックスを自覚してしまいますから、面倒なことはやめるのが一番だと思っています。

かろうじて、人にやさしい点だけはちょっと自慢かな？　でもこれは人同士、当たり前なことです。身長百五十五センチ、体重五十五キロ、鼻も低いし。結局ひとさまに自分を褒める材料はなく、やさしくするぐらいしかなかったのかもしれませんね。

もう一度ゆっくり探してみましょうか。

健康はちょっと自慢したいかもしれません。ほかにはないかな～？

自分を認めてもらうための作為的な自慢は、その程度の人間と思われることもあります。

ささやかなプライドは、自分の胸の奥にひそやかにしまっておくようにしています。

4章 暮らす

なぜ年を数えなくちゃいけないの？

しっかり老人

友人を見ておりますと、一年ずつ増していく年齢を忠実に表わす人もいますが、孫から曾孫まで恵まれても。全然年齢を意識しない洒落た人もおります。

私もひとさまに聞かれて、なぜ年を数えなくちゃいけないの？　と心のなかでは思いますが、人前では優しいおばあ様、余計なことはいわずにこやかに自分を偽ります。

人世を重ねれば、皺ができても足腰が痛くなっても当たり前でしょう。七十歳の行動をしなさいとか八十歳らしくしなさいなどという法律はないと思うのですが。ただ、伊達《だて》に長生きしたわけではありませんからわきまえや礼節は当然必要で、無駄に年数を過してきたように思われないことです。

このごろは手をつないで歩くご夫婦をよくお見かけいたします。かつて夫を主人といい、妻を刺身のツマのようにいって何の疑問ももたないできた夫婦像が当たり前のようでしたが、最近はお互いに助け合って歩いている微笑ましいような痛々しいような高齢のご夫婦を多く見るようになりました。日本の平均寿命年齢は女性の方が圧倒的に高いですが、逆に夫に支えられておられる女性も多く見かけ、永く連れ添ってきたのであろう男性の優しさも見えて、ほっといたします。

社会の第一線で活躍しておられて家庭を顧みる余裕もなかったころの罪ほろぼしをされている方もいらっしゃるかもしれませんが、二人仲良く老々介護の方々も多いようにお見かけいたします。でもお互いをいたわるだけではつまりませんね。おひとりでも二人いっしょでも何か楽しみを見つけて神経の集中を計ることを考えませんと、いっしょに疲れて呆けてしまいます。

老々介護はどちらかが病身の場合が多いようですけれど、病名がついた決定的な内臓疾患ではなかったら、少しずつ運動をなさったら、絶対に良い結果が出て生活の空気が変わると思います。そして妻は、ファンデーションや口紅ぐらいは毎朝鏡を見てつけましょう。夫は、新しく見直すような愛情が妻に湧くかもしれません。口紅は本当に魔法のように表情を変えます。

高齢になると俳句を作り出す方がおられますが、五七五は思っているよりずっと難しく季語も欠かせず、一句ひねるのが大事業です。川柳は長く生きてきた知恵や感覚が役に立つかもしれませんが、洒脱な考え方やシャレた表現の難しさにイライラするかもしれません。若いころから趣味のある人は別として、落語など聞きにも行かなかった人で、定年過ぎて寄席に通い出す人も多くおられるようですがとても良いと思います。老いた者に抵抗感を抱かせない行儀の良い噺家たちは、古い諺なども多く並べて良い時間を過させてくれます。どんなに頑張ってジムなどに行っても、所詮敏捷さを失った老人です。そのなかで存分に楽しめ、生きていることに喜びをもてる毎日でありたいと思います。

杖は欲しくない

一歩外に出てみますと、杖をついた人が本当にたくさん歩いておられます。

たいていは膝関節炎を患っているようですが、腰の曲った方、脳出血等の後遺症で麻痺が残っている方などさまざまの病を抱えた人が最近とても多いように見受けられます。不自由だけれど、外に出ないわけにはまいりません。お買物なのか、もしかしたらリハビリなのかとも思いますが、痛みがないわけではないだろうにという想いで見ております。

街の整形外科はそういう患者で常に満員のようですが、なかなか治療効果が現れないと聞きます。どの病でも、罹ってしまったら治癒が難しいもので、まず罹患せぬよう身体を鍛えることが大切なのでしょうが、膝関節等は突然のように痛みが発生しますから、素人には防ぎようがありません。いささかの前兆はあると思いますが、予想は難しいかもしれません。痛みは本当に辛いものです。

そうならないよう、私は自己流の運動をつづけている次第です。

少し足を捻じったような気がしたら、すぐにそこを揉み、足首を回し固くなりかけた筋肉をやわらげます。たいてい元に戻ります。「イタッ」という間もなく瞬時におこないます。膝関節は太股の筋肉を鍛えますと、驚くほど膝に負担がかからなくなって楽になります。加えて注意をしながらゆるやかなサポーターを着けますと痛みはずいぶん引くように思います。

身体の原理を知ると対処の方法がわかります。整形外科に行きヒアルロン酸を注射したり電気マッサージをしていただいても癒らないのであれば、まず自分の身体を整えて柔らかく、そして強くする努力をしたら、いくぶんかの効果はあると思って続けています。私の場合ヒアルロン酸もコンドロイチンも効果がなく、自己流の運動で蘇ってきたと思っております。

最近美しい杖がたくさん売られております。イタリア製、フランス製など、しゃれた細身の杖をもつのもお洒落ですが、私は欲しくありません。

古い女

「どこの馬の骨ともわからぬ」というセリフがよくドラマで出て参ります。

一人ひとりはたしかに素性も性格も生活そのものもわかりませんから、突然子供の交際相手として現れたりしますと、そんな本音の憎まれ口をききたくなってしまうのは致し方ありません。どなたがお作りになった言葉なのか、なぜ馬の骨なのか、浅学の私にはわかりませんが、そういうわけで私は姑という立場になります。

私に限らず、子育てをした人は多かれ少なかれ、古い女、姑という名をいただくのですが、この字に馴染むまではかなりの時間を必要とし、そのあいだ自己嫌悪に陥ったり、嘆きたくなったり、妙に優しくなったりするものだと実感しております。

私はほんの小さな出来事で息子の妻を落ち込ませるまで、自分が姑の立場にいることに気づきませんでした。不覚にも覚悟をするのを忘れていました。

夫が開業医だったため、看護師や事務員などの若い女性が年中出入りしている家でした。そこへ、嫁がきたことに全然違和感がありませんでした。本来でしたら、他人と新しく入ってきた嫁と区別しなくてはたぶんいけなかったのでしょう。さらに私は、姑と嫁という立場を心に言い聞かせていなかったので、嫁の顔にハッとさせられたのです。一つずつ気づくことがあって、私が最初感じていたこともあながち間違っていることでもないと、なんとなく自分の鈍さを大らかさと思うことにして、平和に暮らしている次第です。

よく嫁と姑が争う話を聞きますが、よそで生まれて育った子が自分と同じ価値観やライフスタイルをもつはずもなく、違って当たり前のことですのに、大げさに家風と称して自分流に馴染ませようなど愚かなことです。昔は、嫁の立場でその努力も致した方がたくさんおられると思いますが、押さえつけて覚えさせようというほどの立派な家風などないと思っています。

無駄な努力はエネルギーの無駄な消費です。一日に何回か笑って話せる時間のある家庭があれば、幸せです。老いれば老いるほど冷静さが必要ですが、一面自分の顔もきちんと報せるためのクールさが必要だとかなり強く思っております。

ただ家風ではなく日常の生活習慣というものはありますから、どちらも心得ることが必要だと思います。

遠慮と妥協

子供が生まれて成人に達するまでは楽しいこともありますが、大変なことが数多くあるように思います。

でも赤子のとき、一生懸命両手で押さえて乳を飲む顔を見ていると
「あぁ自分は母になったのだ」

と胸が温かくなって寛容な幸せを感じますから、やはり自分の子が生まれるという奇蹟のような現象は、まことに得難いありがたいものと思います。

が、だんだん子供が成長するにつれ、なんとなく希んでいた状態とは異なる現実が出てくると、哀しみや悔しさやいら立ちも出てきます。

子供がいっぱしの意見などをいい出すと、「大人になったのかな」という喜びと「何を偉そうに、親が一番まともな考えをもっているのだ

よ」と喚きたくもなります。

それでも子供はだんだんと親の意見など「ハイハイ」といいながら自分の決めた方向にしか進まなくなります。高校受験ぐらいまでは言い分が通りますが、大学以降は日常生活も含めて結婚さえもゴーイングマイウェイになってきます。親としては、はなはだ不本意なことも数多く、不満も蓄積して、つい「誰のお陰でいまがあるの！」と怒りをぶつけたくなりますが、案外これも身から出た錆、鏡に映る己の顔をよく見なくちゃと思う結末も少なくないものです。

「甘やかしたのか？　自分の生んだ子だもの当たり前、それでも身勝手といわれようと私は母よ」

と権利を主張したくなってしまい、母とはなんと難しい存在と思ってしまいます。

自然に自分も前を向いて歩けば良いのに、息子や嫁にうるさい存在と思われたら一番淋しいのは母である自分ですから、気をつけねばと折々思います。

別に主義主張をしているわけでもありませんが、ジェネレーションの差と子供は必ず大人になる、また大人にならなくちゃいけないという当然の理屈が母というカーテンを通すと異なってくるのかもしれません。

姑と嫁は両方で気を遣い合いますから、本音の付き合いなんて十年経ってもできるものではありません。うまくいっていると見られる関係は、五分五分の遠慮と探り合いと妥協のうえで表れると考えたりいたします。

それでも結構です、争うより。

ジェネレーション

異なる時代に育った者は、家庭環境も教育も社会も全然違う価値感をもっているのですから合うわけがありません。言い募っても楽しくありませんし、説教婆になりますから、ニコニコ笑顔で話します。柔和に大らかに聞いていると案外自分の刺激になり一つの知識にもなります。頭から拒否は駄目です。

祈り

とくに信心深いわけでもありませんが、幼いときから神前仏前はいつも汚してはいけないと決められておりましたし、大切な場所と頭に植えつけられていました。

朝、洗顔をすませ化粧をしたら、すぐに神棚の清水を替え、仏壇の香炉に線香を焚き手を合わせます。神前での拍手がピーンと冴えた日はなんとなく一日がつつがなく爽やかに過せるような気がいたします。仏前のお数珠は六十数年前に夫が買ってくれた菩提樹製で、大切に使っております。

神は自分の覚悟をお約束するところ、仏は日常を報告してお力を願い、家の繁栄を祈るところと決めております。きちんと生きもしないで、神様仏様と勝手なことをいっても叶うはずがありません。人間には見えなくても、神仏は常に見ておられる、と自分で信じております。だからきちんと生きようと努めるのです。

時に夫の位牌に向かい、自分の想いを伝え、事の判断を助けて欲しいときにはそれを伝えたりいたします。それだけに化粧もせず、すっぴんでは失礼ですから、必ず衣服を調え、紅をさして手を合わせます。香りは仏前の香炉から立ち昇る伽羅《きやら》の香りだけ。静かに座る五分間は、一日を生きる心を調えてくれます。人間関係は何かと煩わしいものですから、神仏の前の方が楽にいろいろ考えられます。不思議なもので、声は聞こえないのにどなたかが私の思考をわかっておられるような、妄想かもしれないけれど落ちつきます。

そういえば五歳ぐらいのころ、いまから八十四年前です。母が私を連れて菩提寺に行ったとき、客人の衣を着た方が私を見て母にいわれたそうです。

「この子は医師か僧侶に嫁がせなさい」

不思議なことに成人して医師に嫁ぎ、いま両親の菩提を弔っている。本人は全然記憶にありませんが、生前の母が言っていた言葉を思い出します。何派とか何宗とかかかわりをもつこともなく、自分を静かに見つめられる現在は、案外幸福な人種のひとりかもしれません。もう八十八年を生きて、あるいはもう少し生きて穏やかに祈れるのはひとさまから教えられたものではない、私だけの与えられた人世かもしれません。

幾歳《いくとせ》になっても人それぞれの自分で選んだ人世があると思っております、でもそれを歩くのは、確かな心がないと無理かもしれません。祈りはひとさまのためだけではなく、自らの心に力とけじめを与えるためにおこなっているようにも感じるときがありますが、朝一回の祈り、挨拶に支えられているのは確かなように思います。

体操を仏間でおこなっているのも、家が広くないのもありますけれど、何か安心できるのです。案外、両親や夫、ご先祖様に甘えているのかもしれません。

自分の身体に流れている遺伝子や血を大切にしたい想いは、血統的に皆似ていたのかもしれません。自分のこじつけでしょうが、たった五分でも真剣に祈ると元気になるように思うのです。閑な高齢者には良いかもしれませんが、くれぐれもいろいろ勧誘にくる人たちの言葉に乗じられませんように祈ります。

見えない薬

一生懸命働いたご褒美とか、熟年夫婦二人旅とか旅の企画が、いろいろあるようです。

昔、一ドル三六〇円のころ旅をよくしていた者にとっては、すぐにでも行きたいほど低料金で世界中を回れそうな気持ちになります。お若い方は、その上インターネットなどで探して、どの便が安いとか、ベッドさえあればどこのホテルでも構わないなどと情報交換をし、自由に旅を楽しまれます。

いろいろな経験をすることは素晴らしいと思いますし、必ず自分の栄養になると思います。私がものぐさなのか、そういう力の使い方をしたことがありません。それにせかせかした旅は嫌いです。低料金で三回ハワイに行くのなら、それを一回にして清潔なホテル、行き届いた航空会社で飛び、ハワイの白砂でゆっくり海で遊びたいと思います。

いまや物欲もなく、ハワイの暖かさ、大らかさ、ちょっとしたアメリカふうを楽しむためなら行っても良いと思います。折角南の国に出かけるのに、ワイキキから遠いホテル、食物がハンバーガーでは、日本の大型観光施設とそう変わりません。

日本語が通じるといいましても、やはりアメリカ。日常と離れた空間は必ず心を開かせてくれると思います。同じ南の国といっても、戦争体験者にとってグアムやサイパン、パラオは胸が詰まるものがあって楽しい想いも充分とはいえません。海底に沈んでいた日本の軍用機はさまざまのことを思い出させ、無念と怒りが涙と共によみがえります。真珠湾攻撃の余波があっても、ハワイは白砂と美しい海がなんとなく癒してくれます。

このところ、ヨーロッパに幾度か行く機会がありましたが、四十年ほど前に家族と行ったときと街並みももちろん教会なども全然変わらず、歴史を支えた叡智を感じました。

変わらず残るということは築いた最初の思想がきちんとしていたのか、大切に思う人がたくさんいたということでもありましょう。日本の仏閣でもそんな想いをもつときがありますが、どこの国へ行ってもその国を感じられる旅は、見えない薬のようです。

空襲

私は当然のことながら、第二次世界大戦をどっぷり経験した者です。学徒動員で海軍工廠の現場にも行かされましたし、空襲で横にいままでいた人の死も見ました。たった一枚のオーバーコートに機銃掃射の穴があき、防空壕のなかで一夜を同級生と震えながら過した記憶もいまだにはっきり残っています。小さい日本の軍用機がB29に体当たりするのを目撃して皆で泣きました。

当時の話などしたくない想いは当然多数ありますけれど、若い人に質問されれば知識として歴史の一つを話さねばと思う義務感もあって複雑です。平和でいたいから厭な戦争体験も話をして考えてもらう必要性と、平和だから話したくない気持ちが入り交じっています。

戦いは何も生み出さない。いまだに日本全体が引きずっている辛い思い出です。本当に平和が良いッ！　七十年以上も経ちますのにね。

「た」のつく字

座右の銘などという大層な言葉ではありませんが、ずっと忘れない言葉があります。「たゆまない」「たじろがない」生来怠け者で根性なしの私に、おりにふれどなたかが背中に囁いてくれる言葉です。結構効果があって、時を乗り越えてこられたかなと思っています。心臓に効くという漢方薬の「救心」と同じ感じで、たぶん一生消えない文字だと思っています。

これに「たゆとう」がつくともっと良いのですが。それでは私の寝ていたい病が発生しますから駄目です。

きた道いる道

歩いてきた道、いま歩いている道すべて自分の人世は、自分の責任ですし、与えられた役目だと思っています。

幸も不幸も自分が招いたもの、誰のせいでもなく自分が選択してきた人世です。悔やむことがあれば繰り返さなければ良い。時には未熟だった自分に腹が立ちますが、当たり前。赤子から年を重ねいろいろ覚えて成長するのですから、人世明るく、あきらめましょう。

ぐだぐだとあちこちの不調を訴えながら生きるのはいかにも情けないので、不調にならないための知恵を考えて、死ぬまで元気でいたいと考えています。

たかが一生、されど一生ですから。

島津 みえ（しまづ・みえ）
1928（昭和3）年、公務員官舎で生をうける。第二次大戦中は転校、疎開、学徒動員も経験。就職後21歳で結核に感染、退職。治癒後、内科医と結婚し男児を授かる。夫の死去後なにくれとなく周囲の人々の相談に乗り30余年。いまも休日は1年に十数日しかない生活をおくっている。

老《お》いをきりりと、生《い》きる

発行日　二〇一八年一月二十二日　初版第一刷発行
　　　　　　　　　二月九日　初版第二刷発行

著者　島津 みえ
発行人　仙道 弘生
発行所　株式会社 水曜社
〒160-0022 東京都新宿区新宿一−一四−一二
電話 〇三−三三五一−八七六八
ファックス 〇三−五三六二−七二七九
URL：suiyosha.hondana.jp/

本文DTP　小田 純子
本文挿画　秦野 くみこ
装幀　西口 雄太郎
印刷　日本ハイコム 株式会社

ISBN978-4-88065-429-4 C0095